# Marc Couture

Illustrations
**Fabio Pellegrino**

Directrice de la collection
**Denise Gaouette**

MAXI Rat de bibliothèque

Catalogage avant publication de Bibliothèque et Archives nationales
du Québec et Bibliothèque et Archives Canada

Couture, Marc

Les bêtises d'Ali

(MAXI Rat de bibliothèque ; 18)
Pour enfants de 7 à 9 ans.

ISBN 978-2-7613-3037-4

I. Pellegrino, Fabio. II. Titre.
III. Collection : MAXI Rat de bibliothèque ; 18.

PS8605.0921B47 2010        jC843'.6        C2010-940468-8
PS9605.0921B47 2010

Éditrice : Johanne Tremblay
Réviseure linguistique : Claire St-Onge
Directrice artistique : Hélène Cousineau
Coordonnatrice aux réalisations graphiques : Sylvie Piotte
Conception graphique et édition électronique : Isabel Lafleur

**E RPi** Éducation ▸ Innovation ▸ Passion

5757, rue Cypihot, Saint-Laurent (Québec) H4S 1R3 ▸ **erpi.com**
TÉLÉPHONE : 514 334-2690  TÉLÉCOPIEUR : 514 334-4720 ▸ erpidlm@erpi.com

Dépôt légal — Bibliothèque et Archives nationales du Québec, 2010
Dépôt légal — Bibliothèque et Archives Canada, 2010

Imprimé au Canada        1234567890 HLN 14 13 12 11 10
ISBN 978-2-7613-3037-4       11210                  C016

# Des personnages de l'histoire

## Ali et son maître

## Des spécialistes

la vétérinaire

le maître-chien

l'entraîneur de chiens

la directrice de l'école d'obéissance

# Chapitre 1

# Toute une surprise !

J'ai reçu le plus merveilleux cadeau d'anniversaire de toute ma vie. Il s'appelle Ali. Comme dans le conte *Ali Baba et les 40 voleurs*.

Ça faisait au moins 100 ans que je voulais un chien. Mon souhait est enfin exaucé. C'est incroyable!

Mon bébé chien est magnifique. J'aime sa couleur bonbon au miel et ses yeux qui sont comme deux billes noires. J'aime ses grandes oreilles et ses boucles toujours emmêlées. En fait, j'aime tout d'Ali.

Ali me suit partout. Il est toujours content d'être avec moi et il est d'accord avec tout ce que je fais. Ali est vraiment mon meilleur ami.

Ali est la coqueluche du quartier. Chaque semaine, il fait son jogging avec le voisin William et il joue au tennis avec mon amie Noémie. Il partage même les tâches du facteur et du jardinier.

Tous les chiens du voisinage veulent être amis avec lui. Même Hercule, le bouledogue de madame Dubonnet.

Ali est si populaire que mes amis se chamaillent à cause de lui. Ils veulent tous faire une promenade avec mon petit chien.

J'ai réglé le problème: je distribue des numéros. Premier arrivé, premier servi! Je garde toutefois un œil sur mon précieux cadeau.

Chapitre 2
# Tout un problème !

Depuis qu'Ali est dans ma vie, c'est le bonheur. Enfin, presque…

Mes parents disent souvent qu'Ali n'écoute pas. Moi, je pense qu'Ali est sourd, tout simplement.

Quand j'essaie d'attirer l'attention d'Ali, il regarde ailleurs. Quand je lui demande de se coucher, il ne bouge pas. Quand je lui parle d'une voix autoritaire, il me sourit. Quand je lui demande de m'écouter, il préfère boire de l'eau. Si mon chien a ce comportement, c'est certainement parce qu'il est sourd.

Ali est incapable d'apprendre des tours. Il ne roule pas sur lui-même. Il ne donne pas la patte. Il ne fait pas la pirouette. Vraiment, il n'y a rien à faire. C'est sûrement une autre preuve qu'Ali est sourd.

Il y a autre chose, aussi... Depuis quelque temps, Ali se comporte d'une façon désagréable.

Dès que je marche dans la maison, Ali accourt pour me mordiller les talons. Au début, je trouvais ça drôle, mais plus maintenant. Bien sûr, je lui dis d'arrêter. Mais comme il n'entend pas, il n'arrête pas.

Je ne peux plus rien laisser traîner sur le plancher, car Ali mâchouille tout ce qui se trouve à sa portée. Et il ne se gêne pas pour déchiqueter en mille morceaux mes jeux de société. Pourquoi Ali agit-il de cette façon? Est-ce qu'il s'ennuie?

Comme tous les chiens, Ali adore jouer. Mais maintenant, quand je joue avec lui, mon gentil chien devient un monstre. Il jappe et gronde. Il me mord même les mains.

De plus en plus, mes amis ont peur d'Ali. Je les ai même surpris à surnommer mon adorable chien «Ali la Terreur».

Et ce n'est pas tout…

Dès qu'une personne ouvre la porte d'entrée, Ali lui passe entre les jambes et détale comme un lapin. Il est si rapide. Je suis alors obligé de m'élancer à sa poursuite.

Je cherche Ali partout: chez les voisins, dans les buissons et même sous les balcons. Pourquoi Ali fait-il cela? Il n'est pas heureux chez moi? J'ai tellement peur de perdre mon petit chien. Mais, heureusement, je le retrouve toujours.

Et il y a encore autre chose…

Le jour, lorsque je suis à l'école, mon Ali se transforme encore en monstre. Je le sais, car monsieur Jasmin, notre voisin, s'est plaint.

Ali devient un féroce chien de garde. Il gronde lorsqu'il voit passer des autos en trombe. Il aboie lorsqu'il entend des bruits près de la maison ou lorsqu'il voit des passants. Il hurle lorsque le livreur de journaux fait sa distribution. Il s'excite lorsque le facteur apporte le courrier.

Souvent, la nuit, mon petit Ali pleure, un peu, beaucoup, longtemps et trop souvent. C'est qu'il s'ennuie tout seul dans le salon. Je voudrais le prendre dans mon lit. Malheureusement, mes parents me l'ont interdit.

Je suis inquiet. Je crains de perdre mon petit chien. Depuis quelques jours, chaque fois qu'Ali fait une bêtise, mon père dit qu'il va l'offrir à une famille qui saura mieux l'aimer et s'en occuper.

Aujourd'hui, Ali a fait une autre monstrueuse bêtise. Mon père s'est vite écrié :

— Ali Baba, c'est ta dernière bêtise ! Je vais te donner tout de suite à une famille adoptive.

J'ai aussitôt hurlé :

— Non papa, ne fais pas ça ! J'ai une meilleure idée !

Chapitre 3
# Toute une idée !

C'est décidé! Je vais apprendre à mieux m'occuper de mon chien. Ali est peut-être malade. J'ai convaincu mon père de l'emmener chez madame Allaire, la vétérinaire du quartier.

La clinique vétérinaire est située près de notre maison. Je m'y rends rapidement avec mon père. Et Ali, naturellement!

Je dis à la vétérinaire:
— Bonjour, madame Allaire! Voici mon chien Ali Baba. Mon chien est malade. Je pense qu'il est sourd. Voulez-vous l'examiner?

Après avoir ausculté mon chien, inspecté ses oreilles, regardé dans ses yeux et même sous sa queue, madame Allaire conclut :

— Ali Baba va très bien. Il n'est pas malade. Il entend correctement. Il n'est pas dressé, c'est tout. Pour corriger ses problèmes, tu devrais consulter un maître-chien.

De retour à la maison, Ali multiplie les bêtises. D'abord, il déchiquète en mille morceaux le coussin de mon fauteuil préféré. Ensuite, il gruge mes bandes dessinées. Enfin, il ronge une patte d'une chaise de cuisine.

À bout de patience, mon père décide de prendre rendez-vous avec un maître-chien.

Le lendemain, je me rends avec Ali
et mon père chez monsieur Alain, un
maître-chien réputé.

Plein d'espoir, je dis au maître-chien :
— Bonjour, monsieur Alain ! Voici mon
chien, Ali Baba. Pouvez-vous m'aider
à le dresser ?

Monsieur Alain me regarde d'un air très sévère.

— Bien sûr! Dans mon école, on dresse les chiens avec un collier étrangleur. Quand un chien désobéit, on tire sur sa laisse. Cela l'étrangle un tout petit peu. Juste assez pour le faire écouter. Ce collier règle tous les problèmes. C'est efficace et même très rapide.

Je suis stupéfait.

— Étrangler mon petit chien, quelle idée! C'est sûrement bien pour les gros chiens, mais pas pour le mien. Il est trop gentil et trop petit.

Monsieur Alain ajoute:

— C'est vrai qu'il est petit, ton chien. Si ma technique ne te convient pas, tu peux consulter monsieur Lupien, un entraîneur de chiens.

Le lendemain, je me rends avec Ali et mon père chez monsieur Lupien, un entraîneur de chiens expérimenté.

Je dis à monsieur Lupien :
— Bonjour, monsieur Lupien ! Voici Ali Baba. Il a de GROS problèmes. Pouvez-vous m'aider à l'entraîner ?

Monsieur Lupien est désolé.

— Non, je ne crois pas. Ici, c'est une école pour les chiens sportifs. Reviens lorsque ton chien aura appris à obéir. Je te montrerai comment t'amuser avec lui. Pour le moment, je te conseille d'aller voir madame L'Espérance, qui dirige une école d'obéissance.

Sans perdre patience, mon père accepte de faire une dernière visite. J'espère que c'est le bon endroit. Sinon, je devrai me résigner à donner Ali Baba en adoption.

Chapitre 4
# Toute une solution !

J'entre avec mon père et Ali dans l'école d'obéissance de madame L'Espérance. J'ai des nœuds dans la gorge et des papillons dans le ventre. Je dois me convaincre que cette fois sera la bonne...

Je dis à la directrice de l'école d'obéissance :

— Bonjour, madame L'Espérance ! Voici mon chien Ali Baba. Il fait tout le temps des bêtises. Pouvez-vous m'aider à le faire obéir ?

Madame L'Espérance sourit.

— Bien sûr! Dans mon école, on utilise des friandises pour chiens. Cela fonctionne presque toujours.

Madame L'Espérance continue de me parler, tout en caressant la tête de mon petit Ali.

— Ton chien n'est pas éduqué. C'est tout à fait normal, à cet âge. Notre travail n'est ni rapide, ni garanti. Tu devras mettre en pratique les leçons apprises. Tu verras, Ali Baba fera d'immenses progrès.

J'ai enfin trouvé la solution! Tout excité, je dis:

— Alors, Ali Baba ne fera plus de grosses bêtises? Il ne mordra plus? Et mes amis retomberont en amour avec lui? Merci beaucoup!

L'air amusé, madame L'Espérance me répond :

— Bientôt, tu ne reconnaîtras plus ton chien. C'est à toi de l'éduquer. Moi, je suis là pour t'aider. Tu devras être très gentil avec lui et surtout, très, très patient.

Je pousse un gros soupir de soulagement. Mes amis ne le surnommeront plus Ali la Terreur. Mon père ne parlera plus de le confier à une famille adoptive. Et je retrouverai mon meilleur ami.

Maintenant, je sais qu'Ali n'est pas sourd. Mes parents m'aident à l'éduquer et mon chien fait de gros progrès. Bien sûr, il ne m'écoute pas toujours. Il fait encore des bêtises, mais de moins en moins souvent. Ali ferait n'importe quoi pour avoir une petite friandise.

# Table des matières

Voici des personnages de l'histoire
**Les bêtises d'Ali.**
Réponds à la question *Qui suis-je ?*

## Qui suis-je ?

**1** J'entraîne les chiens sportifs.

**2** Je suis le voisin d'Ali.

**3** J'utilise des friandises
pour éduquer les chiens.

**4** J'ausculte Ali et je dis
qu'il n'est pas malade.

**5** Je dresse les chiens
avec un collier étrangleur.

**6** Je menace de confier Ali
à une famille adoptive.

# Réponses

**A** le père

**B** monsieur Jasmin

**C** madame Allaire

**D** madame L'Espérance

**E** monsieur Alain

**F** monsieur Lupien

# Wouf ! wouf !

Ali est un mignon petit chien
qui porte un nom original.

Prépare une murale
sur les différentes races
de chiens.

- Fais une recherche
  sur les races de chiens.
  - Interroge des personnes
    de ton entourage.
  - Consulte des livres,
    des revues ou Internet.

- Utilise des photos, des dessins
  ou des découpages.

- Indique les races des chiens
  et donne-leur un nom original.

  EXEMPLES
  un chihuahua : Petit Poucet
  un berger allemand : Détective

Présente ta murale à tes amis.

## Aux petits soins

Plusieurs personnes d'expérience
ont rencontré Ali : une vétérinaire,
un maître-chien, un entraîneur
et une directrice d'école d'obéissance.

Fais une affiche
sur le métier d'une personne
qui s'occupe des chiens.

- Choisis ton métier.

  EXEMPLES

  préposée à la SPCA, éleveur de chiens,
  employée d'une animalerie, vétérinaire

- Fais une recherche
  sur le métier choisi.
  - Interroge une personne
    qui exerce ce métier.
  - Consulte des livres,
    des revues ou Internet.

- Écris tes informations
  sur ton affiche.
  Utilise des photos, des dessins
  ou des découpages.

Présente ton affiche à tes amis.

# Petites charades

**Écris sur une feuille ou dans un cahier.**

**1** **Mon premier** est la première lettre de l'alphabet.

**Mon deuxième** est un meuble de la chambre.

**Mon troisième** est un article ou une note de musique.

**Mon quatrième** est la planète sur laquelle tu vis.

**Mon cinquième** est une mesure de temps.

**Mon tout** est un des surnoms d'Ali.

**2** **Mon premier** est la première lettre de l'alphabet.

**Mon deuxième** est un meuble de la chambre.

**Mon troisième** est un vêtement qui se porte sur le pied.

**Mon quatrième** est le contraire du mot **haut**.

**Mon tout** est le nom d'un personnage de conte.

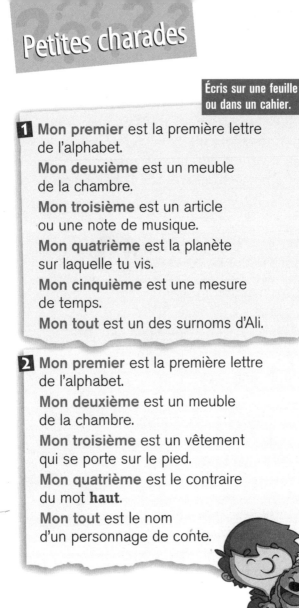